NOUVELLE BIBLIOTHÈQUE THÉATRALE

L'AVOCAT D'UN GREC

COMÉDIE MÊLÉE DE COUPLETS, EN UN ACTE

PAR

MM. LABICHE ET LEFRANC

Représentée pour la première fois à Paris, sur le théâtre du Palais-Royal, le 9 janvier 1859

Prix : 50 centimes

PARIS
LIBRAIRIE NOUVELLE
Boulevard des Italiens, 15
A. BOURDILLIAT ET Ce, ÉDITEURS
1859

L'AVOCAT D'UN GREC

COMÉDIE MÊLÉE DE COUPLETS, EN UN ACTE

PAR

MM. LABICHE ET LEFRANC

Représentée pour la première fois à Paris, sur le théâtre du Palais-Royal, le 9 janvier 1859.

PERSONNAGES

BENOIT, négociant	MM.	MERCIER.
BROSSARD, avocat		LUGUET.
MALVOISIE, coiffeur		POIRIER.
VACHONNET, amoureux de Céline		LASSOUCHE.
PONTBÉDOUIN, ami de Benoît		KALEKAIRE.
BABOCHET, domestique de Benoît		MICHEL.
CÉLINE, fille de Benoît	Mlle	DUBOUCHET.

La scène se passe à Paris, de nos jours, chez Benoît.

PARIS
LIBRAIRIE NOUVELLE
Boulevard des Italiens, 15

A. BOURDILLIAT ET Cie, ÉDITEURS

1859

L'AVOCAT D'UN GREC

Un salon disposé pour un bal. — Portes au fond; portes latérales. — Une table de jeu à droite.

SCÈNE PREMIÈRE

BABOCHET, puis VACHONNET.

BABOCHET, seul, finissant d'allumer les candélabres.

Là... voilà! Dieu! qu'il est beau comme ça le salon de M. Benoît! Douze bougies allumées... à la fois!... lui qui se couche avec une chandelle! Après ça, un marchand de bois des Iles, qui marie sa fille, peut bien faire un peu de dépense. (Montrant sa livrée.) C'est moi que je ris de me voir là dedans... J'ai l'air d'un prince du moyen âge? Un simple garçon de magasin... Ils m'ont élevé, pour cette soirée, au grade de domestique! Je brûle de me montrer à Clarisse... une demoiselle que j'aime.., et qui est femme de chambre.., pour le bon motif... chez M. de Pontbédouin... un ami de mon maître.

VACHONNET, à la porte du fond et bégayant. *

Peut-on en... en... en... en...

BABOCHET, sans se retourner.

Tiens! un âne!

VACHONNET, finissant son mot.

En... entrer?

BABOCHET.

C'est M. Vachonnet! (A part.) Le deuxième prétendu de mademoiselle... C'est drôle!... elle en a un qui est avocat et l'autre qui est bègue...

VACHONNET.

Bonjour, Baba... baba... Babochet!

BABOCHET, à part.

C'est l'autre qui est avocat!

VACHONNET.

M. Be... Benoît...

BABOCHET.

Il est sorti.

VACHONNET.

M. Be... Benoît m'a en... en... en... en...

---

* Vachonnet, Babochet.

BABOCHET, à part.

Si on ne jurerait pas que c'est un âne!

VACHONNET.

En... engagé... à venir de bonne heure pour faire ses a... a... a...

BABOCHET.

Acquisitions.

VACHONNET.

Non! ses a... a... a...

BABOCHET.

Abricots?

VACHONNET.

Non! ses... a... a... a...

BABOCHET.

Passez-le, allez!... il est trop difficile.

VACHONNET.

Ses a... additions!

BABOCHET.

Ah! oui... il m'a parlé de ça... il m'a même recommandé de vous faire entrer dans son petit bureau... (Tirant sa montre.) Il ne va pas tarder à rentrer.

VACHONNET, examinant la montre et sautant dessus.

Oh!

BABOCHET.

Eh bien? lâchez donc!

VACHONNET.

C'est mama... mama...

BABOCHET.

Quoi?

VACHONNET.

Ma montre!

BABOCHET.

Comment! votre montre?

VACHONNET.

Ah! non... on m'a vovo... volé la mienne... alors quand je vois une mon... montre...

BABOCHET.

Vous sautez dessus!

VACHONNET.

Toutou... toujours.

BABOCHET.

C'est bien agréable pour les passants qui regardent l'heure.

VACHONNET.

Laisse-moi te ra... ra... raconter une histoire?

BABOCHET.

Vous allez me raconter une histoire! Ah! non!... non!...

VACHONNET.

Si! si!

BABOCHET.

Vous le voulez? Allez.

VACHONNET, racontant.

En... en.. en... en...

BABOCHET, à part.

Voilà l'âne qui recommence!

VACHONNET.

En... décembre dernier... j'aperçois place de la Bou... Bourse... un monsieur qui rég... rég... rég... rég... (Il trépigne d'impatience.)

BABOCHET.

C'est bien fait!... ça vous apprendra!...

VACHONNET.

Rég... réglait sa montre!...

BABOCHET.

Très-bien! reposez-vous.

VACHONNET.

Je crois reconnaître celle qu'on m'a vo... vo... volée!... Prompt comme la foufou... la fou... foudre, j'arrache la mon... montre et je me sauve avec...

BABOCHET.

Ça me paraît léger!

VACHONNET.

Le plus jojo... jojo...

BABOCHET, à part, crispé.

Crrrr... il me semble qu'on me fait la barbe avec une scie!

VACHONNET.

Le plus jo... joli!... c'est que la mon... montre n'était pas à moi!

BABOCHET.

Ah! bien!... elle n'était pas à vous, la montre. Alors, qu'est-ce que vous avez fait?

VACHONNET.

On cri... cri... on cri... cri...

BABOCHET.

Comment, on cricri?...

VACHONNET.

On criait au voleur! La venette me prend et je jette la mon... la mon...

BABOCHET.

Montre! allez!

VACHONNET.

Dans le para... parapluie d'un monsieur... qui li... lisait les affiches du vau... du vau... du vau...

BABOCHET.

Quel veau?...

VACHONNET.

Du Vau... deville!...

BABOCHET.

Ah!

VACHONNET.

Et voi... voi... voilà!...

BABOCHET.

Eh bien! qu'est-ce que ça me fait, tout ça? Voyez-vous, vous avez une déplorable habitude... c'est de raconter des histoires... ça ne vous va pas!...

VACHONNET.

Pour... pour... quoi ça?

BABOCHET, bégayant.

Papar... ce que!...

VACHONNET.

Fafar... farceur!

BABOCHET, a part.

Cocor... nichon! (Haut.) Allez faire vos additions!

VACHONNET.

Bon... bon... bonjour!

BABOCHET.

Bon... bon... bonsoir!... (Vachonnet entre à gauche.)

SCÈNE II

BABOCHET, puis CÉLINE.*

BABOCHET, seul.

Cristi! si ce n'est pas à vous rendre enragé!

CÉLINE, appelant et entrant par la droite.

Babochet! Babochet! Ah! tu as allumé?

BABOCHET.

Douze bougies... à la fois!

CÉLINE, disposant les cartes et les jetons sur la table de jeu.

Tu as bien porté toutes les lettres d'invitation pour le bal de ce soir?

BABOCHET.

Oui, mamzelle Benoît... Je suis même monté chez M. de Pontbédouin, qui a une si jolie femme de chambre!... il viendra...

CÉLINE.

Et les glaces, les gâteaux... tout cela est commandé?

BABOCHET.

Oui, mamzelle Benoît.

* Babochet, Céline.

CÉLINE.

Mon Dieu! ne m'appelle donc pas mademoiselle Benoît?

BABOCHET, étonné.

Tiens!

CÉLINE.

Je sais mon nom... où est mon père?

BABOCHET.

Monsieur Benoît? Il est sorti à deux heures en habit bleu et en cravate blanche.

CÉLINE.

Ah! où est-il allé?

BABOCHET.

M. Benoît? Je ne sais pas!

CÉLINE.

Mais ne dis donc pas toujours monsieur Benoît?

BABOCHET, étonné.

Tiens!

CÉLINE.

Il n'est venu personne?

BABOCHET.

Si... il est là.

CÉLINE.

Qui ça?

BABOCHET.

Votre prétendu...

CÉLINE, vivement.

Monsieur Brossard?

BABOCHET.

Non... l'autre... le Vachonnet!

CÉLINE.

Ah! quel ennui!

BABOCHET.

Çà! je ne comprends pas comment votre père peut hésiter entre les deux.

CÉLINE.

Il a une foule de préjugés contre la profession de monsieur Brossard.

BABOCHET.

Mais elle n'a rien de malpropre, sa profession... un avocat!...

CÉLINE.

Et quel talent!

BABOCHET.

Oh! pour ce qui est du talent... en voilà un qui n'a pas sa langue dans sa poche! Quel magnifique robinet d'éloquence!

CÉLINE.

Et comme il est aimable!

BABOCHET.

C'est ce que je voulais dire, quel aimable robinet...

CÉLINE.

Ce n'est pas comme monsieur Vachonnet...

BABOCHET.

Enfin, c'est aujourd'hui que monsieur votre père doit se prononcer...

CÉLINE.

AIR :

A nos parents, à nos amis,
Il ne pouvait plus s'en défendre,
Oui, c'est ce soir qu'il a promis
De présenter enfin son gendre.
Est-ce le bon qu'il choisira ?

BABOCHET.

Un père offre des garanties.

CÉLINE.

Oui, son bon cœur l'éclairera.

BABOCHET.

Sans compter ses douze bougies.

BROSSARD, dans la coulisse.

Rabochet !... Babochet !...

BABOCHET.

C'est monsieur Brossard ! (Brossard entre.)

SCÈNE III

CÉLINE, BABOCHET, BROSSARD.

BROSSARD, entrant.

Babochet ! un verre d'eau ! (Il tombe dans un fauteuil.)

BABOCHET, à part.

Tiens ! le robinet qui demande un verre d'eau ! (Haut.) Voilà, monsieur Brossard ! (Il sort.)

CÉLINE, à Brossard.*

Qu'avez-vous donc ?

BBOSSARD, se levant.

Oh ! pardon, mademoiselle Céline... je ne vous avais pas vue.,. ce n'est rien... ceci vous représente un avocat triomphant et altéré... Je sors du palais...

CÉLINE.

Vous venez de plaider ?

BROSSARD.

Pendant trois heures... sans respirer ! Vous permettez ?... (Il respire fortement.) Ouf !... ça fait du bien.

CÉLINE.

Quelle plaisanterie !

* Céline, Brossard.

BROSSARD.

Vrai!... j'ai été superbe... je suis encore tout étourdi de mon succès... Quand je pense que je l'ai fait acquitter?

CÉLINE.

Qui ça?

BROSSARD.

Un petit gredin!...

CÉLINE.

Comment?

BROSSARD.

Oh! mais là! ce que nous appelons un joli gredin! On me nomme son défenseur d'office... Le farceur avait escamoté une montre dans son parapluie... c'était clair, c'était évident, ça crevait les yeux! Eh bien! je leur ai prouvé le contraire... moi, Brossard! et je l'ai rendu à la société... qui est sa mère... nourrice!

CÉLINE, riant.

Un joli cadeau que vous lui avez fait là, à la société!

BROSSARD.

Ah! dame! tant pis! On me donne un nègre à blanchir... je le blanchis!.. c'est mon état. (Gaiement.) J'entreprends le nègre!

CÉLINE.

Mais c'est très-mal... faire acquitter un coquin!

BROSSARD.

Parbleu! si c'était un honnête homme, où serait le mérite?

AIR : *Tenez, moi, je suis un bonhomme.*

L'éloquence est un cosmétique
Qu'il faut dispenser avec soin,
C'est à la laideur qu'il s'applique,
La beauté n'en a pas besoin.
Ses effets, lorsqu'ils sont rapides,
Vous font surtout beaucoup d'honneur,
Car plus il efface de rides,
Plus on vante le parfumeur.

On sanglotait dans l'auditoire.. L'huissier a mis à la porte un monsieur qui sanglotait trop... brave homme, va!...

BABOCHET, entrant avec un verre d'eau.

Voilà, monsieur Brossard... voilà, monsieur Brossard!

BROSSARD, buvant. *

Ah! merci!

BABOCHET.

C'est-y assez sucré, monsieur Brossard?

* Céline, Brossard, Babochet.

BROSSARD.

Mon ami, ne m'appelle donc pas toujours monsieur Brossard.

BABOCHET, étonné.

Tiens! lui aussi!...

BROSSARD, lui rendant le verre.

Emporte!

BABOCHET, à part, sortant.

Oui, monsieur Brossard!... (Il sort.)

BROSSARD, à Céline.

Enfin, nous voilà seuls... nous pouvons parler de nos projets d'avenir... D'abord, mademoiselle, permettez-moi de vous inviter pour la première valse, la première contredanse, la première polka.

CÉLINE.

Les trois premières!... mais qu'est-ce qu'on dira?...

BROSSARD.

On dira... que j'ai du goût.

SCÈNE IV

CÉLINE, BROSSARD, BENOIT.*

BENOIT, entrant vivement et très-ému.

Où est-il? où est-il, ce cher ami?

BROSSARD.

Monsieur Benoît! qu'avez-vous donc?

BENOIT.

Ah! Brossard... embrasse-moi!

BROSSARD.

Avec plaisir. (Ils s'embrassent.)

BENOIT.

Et toi, ma fille... ma chère fille!... embrasse-moi aussi! (Il l'embrasse.)

BROSSARD, à part.

Qu'est-ce qu'il a?

BENOIT, regardant Brossard avec attendrissement.

Et dire que j'avais tant hésité... va t'habiller, ma fille... Brossard, tu seras mon gendre!

BROSSARD.

Comment! bien vrai?

BENOIT.

Céline, tu seras sa femme!...

CÉLINE.

Quel bonheur!

BENOIT.

Mais va donc t'habiller!

* Céline, Benoît, Brossard.

CÉLINE.

J'y vais, mon père, j'y vais! (A part.) Mais qu'est-il donc arrivé? (Elle sort.)

SCÈNE V

BENOIT, BROSSARD.*

BENOIT.

Brossard... je suis vaincu... tu l'emportes!... laisse-moi te regarder, t'admirer!... Qu'il est beau! Moi qui te considérais comme un petit homme ordinaire... avec du ventre...

BROSSARD serrant son gilet.

Par exemple!

BENOIT.

Vrai! tu me déplaisais, mon ami... je te préférais Vachonnet...

BROSSARD.

Il est bègue...

BENOIT.

Oui, mais c'est un commerçant!... N'en parlons plus; tu es grand, tu es immense, tu as cent coudées!

BROSSARD.

Vous êtes bien bon... pourquoi ça?

BENOIT.

Mais j'en sors, mon ami, j'en sors!

BROSSARD.

D'où?

BENOIT.

De l'audience!

BROSSARD.

Ah! bah!

BENOIT.

Je me suis dit: Avant de lui donner ma fille, il faut que j'entende parler ce gaillard-là... et s'il ne plaide pas à mon idée... tout est rompu.

BROSSARD, à part.

Sapristi!

BENOIT.

Entre nous, j'espérais que tu barboterais... Que veux-tu? j'ai un faible pour Vachonnet!... J'entre dans le prétoire... c'est la première fois que je vais dans cet établissement... j'étais fort ému... Je me cache dans un coin... on appelle ta cause... tu te lèves!... Ah! mon ami, que la toque te va bien... Je te prierai de la mettre quelquefois en famille.

* Brossard, Benoît.

BROSSARD.

Comment donc! tous les dimanches... au dessert.

BENOIT.

Tu parles... je t'avouerai qu'au premier abord ton client ne me revenait pas beaucoup.

BROSSARD.

Je le crois bien!

BENOIT.

Mais en t'écoutant, il m'a semblé qu'une auréole descendait d'en haut pour éclairer cette noble physionomie!...

BROSSARD.

Vraiment? (A part.) Il est poétique, le beau-père.

BENOIT.

Peu à peu, je sentis les larmes me venir aux yeux et les sanglots .. car j'ai sangloté.

BROSSARD.

Allons donc!

BENOIT.

Au point que l'huissier m'a mis à la porte...

BROSSARD.

Comment! c'était vous! (Lui serrant la main.) Ah! c'est gentil... merci!

BENOIT.

Mais ça m'était égal, j'avais entendu ta péroraison..... j'avais vu le bouquet!... et j'apprenais un instant après que ton client, le vertueux Malvoisie... était acquitté...

BROSSARD.

Oui, beau-père... à l'unanimité... moins trois voix!...

BENOIT, vivement.

Comment! moins trois voix! ça fait pitié! un si magnifique caractère! un homme qui a sauvé une femme des flots! un vieillard!... que dis-je, un commerçant!...

BROSSARD.

Oui... un Vachonnet, enfin!

BENOIT.

Un Vachonnet de l'incendie... et un enfant... je ne sais plus de quoi!... Moins trois voix! c'est honteux!...

BROSSARD.

Songez qu'il y avait contre lui des charges accablantes.

BENOIT.

Des charges! quelles charges?... Quant à moi, j'étais convaincu... surtout quand tu t'es écrié avec âme! (Déclamant.) Cet homme que l'on soupçonne, messieurs, cet homme que l'on accuse, cet homme que l'on flétrit... Je voudrais... oui... je voudrais qu'il fût mon frère!

BROSSARD.

Ça a bien fait, n'est-ce pas?

BENOIT.

Je t'en réponds, que ça a bien fait.

BROSSARD.

C'est ce que nous appelons une ficelle.

BENOIT.

Comment! une ficelle?

BROSSARD.

Oui, un mouvement oratoire.

BENOIT, de bonne foi.

Alors, mon ami, mon compliment... Tu es sublime dans la ficelle!... Avocat! est-il une plus noble profession? Ça m'a décidé tout de suite à te nommer mon gendre!... Ah! tu dois te sentir la conscience heureuse... le cœur satisfait!...

BROSSARD.

Moi? pourquoi?

BENOIT.

Avoir fait acquitter un innocent!

BROSSARD, froidement.

Oui, oui, oui...

BENOIT.

L'avoir rendu à sa famille! car c'est un père de famille... cinq enfants!

BROSSARD, froidement.

Oui, oui, oui...

BENOIT.

L'as-tu revu au moins? lui as tu serré la main?

BROSSARD.*

Ma foi, non!

BENOIT.

Eh bien! tu le reverras!

BROSSARD.

Oh! je ne crois pas!

BENOIT.

Si... si... je t'ai ménagé une surprise.

BROSSARD.

Comment?

BENOIT.

A la sortie de l'audience... encore tout ému, tout transporté, je lui ai fait parvenir une lettre d'invitation pour notre bal.

BROSSARD, bondissant.

Allons donc! c'est impossible! une invitation, à Malvoisie?

BENOIT.

Oui... au noble Malvoisie? à ton frère!

* Benoît, Brossard.

BROSSARD.

Mon frère ! mon frère !... Que diable, un homme qui s'est assis sur les bancs...

BENOIT.

Un innocent ! la société lui doit une réparation... et je me suis chargé de la lui donner. Voilà comme je suis !

BROSSARD.

Oui ? (A part.) Il est bête comme les souliers d'un Auvergnat ! Heureusement que l'autre ne viendra pas, il se rendra justice.

CÉLINE, entrant. *

Papa, papa, vos invités arrivent.

BENOIT.

Venez, mon gendre, venez.... je vais vous présenter officiellement.

BROSSARD.

Enfin ! (A Céline.) n'oubliez pas les trois premières ! (Benoît et Brossard sortent par la droite.)

SCÈNE VI

CÉLINE, puis MALVOISIE.

CÉLINE, seule cherchant quelque chose.

Comprend-on ma tante, qui en arrivant a perdu son éventail... un éventail de prix ! Mais où peut-il être ? (Elle cherche.)

BABOCHET, annonçant du fond.

Monsieur Malvoisie ! (Malvoisie entre et salue de tous côtés, embarrassé de sa contenance.) **

CÉLINE, à part, le regardant.

Un invité sans doute. (Saluant.) Monsieur !

MALVOISIE.

Pardon... mademoiselle... le nommé Benoît, s'il vous plaît ?

CÉLINE.

C'est mon père, monsieur, je vais le prévenir.

MALVOISIE.

Vous êtes la fille du bourgeois ?

CÉLINE, étonnée.

Comment, du bourgeois ?

MALVOISIE.

Alors, permettez-moi, de vous remettre cet éventail que j'ai trouvé dans l'escalier.

CÉLINE, le prenant vivement.

Celui de ma tante... Ah ! qu'elle va être heureuse ! (En

* Benoît, Céline, Brossard.

** Malvoisie, Céline.

sortant.) Je vous remercie, monsieur... je vous remercie... (Elle disparaît.)

SCÈNE VII

MALVOISIE, seul.

Et ils ont osé m'accuser !... un homme qui rend des éventails... (Par réflexion.) Je crois qu'on dit éventaux... Moi, un honnête coiffeur qui n'ai jamais pris un cheveu à qui que ce soit.... excepté un cheveu blanc par-ci par-là... et encore j'en avais l'autorisation. (Il crache par terre.) C'est bien meublé ici... Quel peut être ce Benoit qui m'invite à ses soirées, et dans quel but ?

SCÈNE VIII

MALVOISIE, BENOIT, rentrant par la gauche.*

BENOIT, à lui-même.

Allons, mes invités arrivent. (Apercevant Malvoisie.) Encore un ! mais c'est lui... Malvoisie ! (Lui serrant les mains.) Monsieur, vous êtes une de mes sympathies.

MALVOISIE.

Monsieur, certainement... Pardon... le nommé Benoit, s'il vous plaît ?

BENOIT.

C'est moi !

MALVOISIE, à part.

C'est drôle... je ne le connais pas ! (Haut.) En rentrant, ma portière m'a remis une lettre d'invitation...

BENOIT.

La mienne ! J'ai pensé que vous voudriez bien nous faire l'honneur...

MALVOISIE.

Est-ce pour coiffer ? (Tirant un fer de sa poche.) J'ai apporté...

BENOIT.

Comment ?

MALVOISIE.

Je suis coiffeur.

BENOIT.

Coiffeur !... N'importe, la société vous doit une réparation et je suis heureux... Ah çà ! et madame ?... vous n'avez pas amené madame.

* Benoit, Malvoisie.

MALVOISIE.

Moi? ... je suis garçon.

BENOIT.

Garçon!... et vos cinq enfants?

MALVOISIE.

Je n'en ai pas.

BENOIT, à part.

Alors, qu'est-ce que Brossard a donc chanté au tribunal!

MALVOISIE.

Voyez-vous, je n'ai jamais eu qu'un sentiment dans ma vie... pour une blonde... Il était trois heures du matin... (Il crache par ierre.)

BENOIT, à part.

Tiens! il crache par terre.

MALVOISIE.

Son bourgeois était sorti... il rentre, je me jette dans un placard et...

BROSSARD, en dehors, au fond.

Où est donc le beau-père?

SCÈNE IX

MALVOISIE, BENOIT, BROSSARD.*

BENOIT.

Ah! voilà Brossard!

MALVOISIE.

Mon avocat!

BROSSARD.

Malvoisie!

BENOIT, à Malvoisie, lui montrant Brossard.

Ah! vous pouvez vous vanter d'avoir en lui un ami... un frère!... comme dans son plaidoyer.

MALVOISIE, avec effusion à Brossard. **

Ah! monsieur!... si j'osais... je vous embrasserais! (Il veut se jeter dans ses bras.)

BROSSARD, l'arrêtant et bas.

C'est bien... Trouvez un prétexte et décampez?

MALVOISIE.

Plaît-il?

BENOIT, serrant les mains de Malvoisie.

Malvoisie... vous êtes une de mes sympathies! (Malvoisie crache.)

* Brossard, Benoît, Malvoisie.
** Brossard, Malvoisie, Benoît.

BENOIT, à part.

Il a encore craché par terre... (Haut.) C'est beau, c'est grand ce que vous avez fait.

MALVOISIE.

Quoi?

BENOIT.

Et l'on a pu vous soupçonner!

MALVOISIE.

Ah! oui!... Figurez-vous que je regardais tranquillement l'affiche du Vaudeville... Un monsieur me jette une montre dans mon parapluie .. (Il crache par terre.)

BENOIT, à part.

C'est un brave homme... mais il a une fichue habitude.

MALVOISIE.

On m'arrête... on me fouille.

BROSSARD, bas à Malvoisie. *

En voilà assez!... partez!

MALVOISIE.

Est-ce que la soirée est finie?

BENOIT.

Mais pas du tout!... ça commence!... entendez-vous l'orchestre? (On voit passer plusieurs danseuses dans le second salon.)

MALVOISIE.

Oh! la jolie coiffure!... des perles fines! (A Benoît.) Vous permettez que j'examine.

BENOIT.

Parbleu!... Allez donc! (Malvoisie entre dans le salon.)

SCÈNE X

BENOIT, BROSSARD. **

BROSSARD, à part.

Des perles fines! Est-ce qu'il serait venu pour travailler?... Il n'y a pas à hésiter, je vais prévenir le beau-père!

BENOIT, redescendant.

Il a l'air d'un brave homme!

BROSSARD.

Beau-père, qu'est-ce que vous diriez si Malvoisie?...

BENOIT.

Le noble Malvoisie!

BROSSARD.

Oui... si le noble Malvoisie était un filou?

BENOIT.

Lui!

* Malvoisie, Brossard, Benoît.
** Benoît, Brossard.

BROSSARD.

Qu'est-ce que vous diriez ?

BENOIT.

Ce que je dirais ?... mais je dirais que tu n'es qu'un saltimbanque et un histrion... qui abuse de la parole... ce don des dieux.

BROSSARD.

Cependant, beau-père...

BENOIT.

Comment ! tu m'aurais fait pleurer .. tu m'aurais fait mettre à la porte de l'audience... pour un escroc !... pour un bandit ! mais alors ta profession ne serait plus un sacerdoce ! et je te mépriserais comme un danseur de corde ou un avaleur de sabres ! et tu n'aurais pas ma fille !

BROSSARD.

Cependant tous les grands orateurs... Cicéron luimême...

BENOIT.

Mais je ne donnerais pas ma fille à Cicéron... sans prendre des renseignements !... je lui préférerais Vachonnet.

BROSSARD.

Voyons... du calme !

BENOIT.

Je t'accorde Céline parce que tu as défendu l'innocence... mais du moment que l'innocence est un filou... et qui crache par terre encore !... je te la retire... Où est Vachonnet !

BROSSARD, à part.

Sapristi ! me voilà bien !

BENOIT, appelant.

Vachonnet !

BROSSARD.

Un instant, que diable !... j'ai dit : Si Malvoisie était un filou ? mais il ne l'est pas (A part). Après tout, il a été acquitté (Haut). Je voulais vous faire peur !

BENOIT.

C'est ce que nous verrons... J'ai des soupçons... d'abord il n'est pas marié, il n'a pas d'enfants... Où sont-ils ses cinq enfants ?

BROSSARD.

Oh ! c'est un détail !

BENOIT.

Tout ça c'est louche ; je te préviens que je vais le surveiller... et si je le trouve le moindrement véreux... crac ! tout est rompu !

BROSSARD.

C'est convenu ! (A part). Je n'ai qu'un moyen, c'est de le camper tout de suite à la porte ! (Haut). Adieu... beau-père !

BENOIT.

Beau-père ! Pas encore...

BROSSARD.

Oh ! je suis bien tranquille !

ENSEMBLE.

BROSSARD.

AIR :

Ah ? quelle sotte aventure !
Trouver un tel garnement
Installé chez ma future...
Il faut qu'il parte à l'instant.

BENOIT.

A voir sa sotte figure !
Il est positif qu'il ment.
Que penser de son allure ?
C'est à s'y perdre, vraiment.

(Brossard entre dans le bal.)

SCÈNE XI

BENOIT puis VACHONNET et BABOCHET.

BENOIT, seul.

C'est drôle !... pourquoi cette émotion... et puis ce qu'il vient de me dire... Ah ! je me refroidis pour Brossard... un avocat ! Qu'est-ce que c'est que ça, un avocat ? Tandis qu'un commerçant !...

VACHONNET, sortant de la gauche avec des papiers. *

Le beau... beau... beau-père (s'approchant de Benoît) en... en... en... en...

BENOIT.

C'est Vachonnet ! ce brave garçon...

VACHONNET, montrant des papiers.

Enchanté... j'ai trou... trou... trou... trou...

BENOIT.

Tu as trou trou... quoi ?

VACHONNET.

Trouvé l'erreur...

BENOIT, à part.

En voilà un qui n'abuse pas de la parole... ce don des dieux !

VACHONNET.

Vous aviez retete... tenu... trois... et il fallait retete... tenir quatre !

* Vachonnet, Benoît.

BENOIT, prenant le papier.

Il a raison... Quel bon comptable!... Voilà le gendre qu'il me faudrait.

VACHONNET.

J'ai vu mon, on... mon oncle... il donne les vingt... les vingt...

BENOIT.

Quels vins!

VACHONNET.

Les vingt mille francs de plus... pour la do... dot.

BENOIT.

Vingt mille francs de plus pour la dodot! bigre! (A part.) C'est drôle, comme je me refroidis pour Brossard. (Haut.) Vachonnet, espérance et confiance! Je ne te dis que ça... Si je peux pincer l'autre... le Malvoisie!... et je le pincerai!...

BABOCHET, sortant de la droite et parlant à la cantonade. *

Oui, messieurs, tout de suite...

BENOIT.

Qu'est-ce que c'est?

BABOCHET.

On demande un quatrième au whist!

BENOIT.

Un quatrième?... Où diable trouver?... Eh! parbleu, Vachonnet? *

VACHONNET.

Non, je veux dan... dan... danser.

BENOIT.

Toi! Allons donc! tu ne peux pas danser... tu es bègue!

VACHONNET.

Avec ma fu... fu... future!...

BENOIT.

Non! va te mettre au whist!...** il est défendu de parler... voilà un jeu qui te va... Viens, je vais t'installer. (Il le pousse à droite.)

VACHONNET, à part.

Je trouve ça en... en... en... (Il entre à droite avec Benoît.)

SCÈNE XII

BABOCHET, puis MALVOISIE et BROSSARD. ***

BABOCHET, imitant Vachonnet.

Il trouve ça en... en... en... en... Est-ce qu'il va braire comme ça toute la soirée?...

* Vachonnet, Benoît, Babochet.
** Babochet, Benoît, Vachonnet.
*** Babochet, Brossard, Malvoisie.

BROSSARD, amenant Malvoisie par le collet de son habit.)

Par ici, et à nous deux!

MALVOISIE.

Mais, qu'est-ce que vous me voulez?

BROSSARD.

Babochet... va-t'en! (Babochet sort. — Brossard, à Malvoisie.) Maintenant, expliquons-nous!... Que venez-vous faire ici? Parlez!

MALVOISIE.

Mais, dame!... j'étais venu avec l'intention de travailler...

BROSSARD.

Ici?... Ah! mais non! pas chez mon beau-père!

MALVOISIE.

Pourquoi ça?...

BROSSARD, à part.

Il a peut-être déjà commencé (Haut.) D'où venez-vous?

MALVOISIE.

Du buffet! quelle belle argenterie!

BROSSARD.

Hein? un instant! * (Il plonge vivement les deux mains dans les poches de Malvoisie.)

MALVOISIE, à part.

Qu'est-ce qu'il fait?

BROSSARD, retirant deux mouchoirs.

Deux mouchoirs! pourquoi deux mouchoirs?

MALVOISIE.

Je suis enrhumé du cerveau, et alors...

BROSSARD.

Ta, ta, ta! avec moi, ça ne prend pas! (Lui rendant un mouchoir.) En voilà un... c'est bien assez! (Il met l'autre dans sa poche.)

MALVOISIE, à part.

Il me taxe! mon avocat me fait mon mouchoir, à présent!

BROSSARD.

Maintenant, vite! votre chapeau! votre paletot.

SCÈNE XIII

BROSSARD, MALVOISIE, BENOIT, puis BABOCHET, puis CÉLINE.

BENOIT, entrant par la gauche et à part. **

Il faut absolument que je pince Malvoisie... et je le pincerai!

BROSSARD.

Allons! en route! ne flânons pas!

* Brossard, Malvoisie.

** Benoît, Malvoisie, Brossard.

BENOIT, à part.

Il le renvoie ! mais s'il s'en va... je ne le pincerai pas ! (Haut.) Où allez-vous donc ?

BROSSARD.

Il est obligé de partir... une affaire très-importante...

BENOIT.

Par exemple !... Il n'y a pas d'affaires ! (A Malvoisie.) Je vous garde ! je le veux !

MALVOISIE, hésitant.

Mais c'est que...

BENOIT.

Le souper sera splendide et copieux... servi en vermeil.

MALVOISIE.

Ah !

BENOIT, à part.

Je l'amorce !

MALVOISIE.

Allons, puisque c'est comme ça... je reste... (A Brossard.) en vermeil !

BROSSARD, à part.

Est-ce que le beau-père jouerait contre moi ? (Babochet à la porte du fond, repoussant des messieurs qui se jettent sur son plateau.)

BABOCHET.

Mais laissez donc !... c'est pour les dames.

BENOIT, l'appelant. *

Babochet !

BABOCHET, s'approchant.

Monsieur ? (Malvoisie prend une glace sur le plateau et la mange au milieu de la scène pendant ce qui suit.)

BENOIT, bas à Babochet, lui montrant Malvoisie.

Tu vois bien ce monsieur ? cent francs pour toi s'il filoute quelque chose.

BABOCHET.

Ah ! bah !

BENOIT, bas.

Etale l'argenterie. (A part.) Quant à moi, je vais lui tendre un piége ! (Il fait sortir son mouchoir de sa poche et rôde autour de Malvoisie pour se le faire prendre.)

BROSSARD, appelant. **

Babochet !

BABOCHET, s'approchant.

Monsieur ?

* Benoît, Babochet, Malvoisie, Brossard.
** Benoît, Malvoisie, Babochet, Brossard.

BROSSARD, bas, lui montrant Malvoisie.

Tu vois bien ce monsieur... cent francs pour toi s'il sort d'ici sans avoir rien filouté !

BABOCHET.

Ah ! bah !

BROSSARD.

Cache l'argenterie !

BABOCHET.

Impossible ! le bourgois m'a dit de l'étaler ! (Il remonte et disparaît.)

BROSSARD, à part.

Je m'en doutais !... c'est une lutte ! eh bien ! je la soutiendrai... quand je devrais surveiller Malvoisie moi-même ! (Prenant la cuiller des mains de Malvoisie qui a fini sa glace.) Pardon... pardon...

MALVOISIE.

Non... ne vous donnez pas la peine.

BROSSARD.

Si ! si !... j'y tiens !...

MALVOISIE, à part.

Il fait la cuiller aussi !

BROSSARD, à part.

Et maintenant, je ne le quitte pas d'une semelle ! (On entend l'orchestre.)*

CÉLINE, paraissant au fond, à Brossard.

Eh bien ! monsieur ! je vous attends...

BROSSARD.

Quoi donc ?

CÉLINE.

Vous m'avez invitée pour les trois premières.

BROSSARD, à part.

Ah ! sacrebleu ! (Haut.) C'est que dans ce moment...

BENOIT, à part.

Il ne veut pas quitter son gredin. (Haut.) Comment ! mon gendre... de la tiédeur !... Où est Vachonnet ?

BROSSARD.

Du tout ! du tout ! me voilà !... (Offrant son bras à Céline) je suis prêt ! (Bas à Malvoisie en sortant.) S'il manque une seule petite cuiller... je vous étrangle !

MALVOISIE.

Plaît-il ? (A part.) Quel drôle d'avocat !

* Benoît, Malvoisie, Brossard, Céline.

SCÈNE XIV

BENOIT, MALVOISIE.*

BENOIT, à part.

Plus je le regarde, plus je lui trouve le galbe d'un gredin.

MALVOISIE, bâillant et à part.

Ahâa!... je m'ennuie ici! (Regardant le plafond.) Joli plafond.

BENOIT, à part.

Est-ce qu'il aurait des intentions sur mon plafond!

MALVOISIE, remarquant la table de jeu.

Tiens! des cartes! (A Benoît.) Faites-vous une partie?...

BENOIT.

Une partie!... Hein? Volontiers! (A part.) Il va faire sauter la coupe! ça me va! je le tiens.

Air de l'Aveugle de Bagnolet :

Laissons la folâtre jeunesse
Se divertir en gambadant;
La danse fort peu m'intéresse.

MALVOISIE, gaiement.

Permettez-moi d'en dire autant,
L'entrechat me semble embêtant.**
Au bruit de ce joyeux quadrille,
Qui tous là-bas les émoustille,
Je n'éprouv' qu'un désir ardent;
Tandis qu'ici chacun sautille,
Je n'éprouv' qu'un désir ardent:
C'est de fair' sauter... votre argent.

BENOIT.

Eh bien, à la bonne heure! (A part.) Il y met de la franchise. (Il s'est installé à la table.)

MALVOISIE, de l'autre côté de la table.

Combien jouons-nous?

BENOIT.

Dix sous, à l'écarté.

MALVOISIE.

Ah! non!

BENOIT, à part.

C'est juste! il ne ferait pas ses frais! (Haut.) Allons, cinq francs!

MALVOISIE, à part.

Cinq francs!... pristi! j'allais lui proposer deux sous. (Haut.) Laissez-moi battre?

BENOIT.

Comment donc! (A part, pendant que Malvoisie bat les cartes.) Il

* Benoît, Malvoisie.
** Malvoisie, Benoît.

mouille son doigt!... il fait sa petite cuisine, le gueux! (Gaiement.) Ça me va!

MALVOISIE lui passant les cartes.

Là!... voilà qui est fait.

BENOIT, à part.

C'est fait!

MALVOISIE.

Donnez.

BENOIT.

Avec plaisir. (A part, tout en donnant.) Je suis sûr qu'il m'a fourré une petite famille de huit... (Retournant.) Le roi! (Très-étonné.) Tiens!

MALVOISIE.

Saperlotte!... je propose?

BENOIT.

Impossible!... (Jouant.) Je coupe!... atout!... atout!... et atout!... j'ai la vole.

MALVOISIE.

Pas de chance!

BENOIT, à part.

C'est pour m'amorcer... je connais ça!

MALVOISIE.

C'est à moi de donner.

BENOIT, à part.

Voilà son tour qui va venir... Aussi je le guette... il a encore mouillé son doigt!... je parie qu'il retourne le roi!

MALVOISIE, retournant.

Huit de carreau!

BENOIT, à part.

Décidément, il est très-malin. (Regardant son jeu.) Tiens! c'est moi qui ai le roi!

MALVOISIE.

Encore! (A part, avec méfiance.) Est-ce que le vieux tricherait?

SCÈNE XV

LES MÊMES, BROSSARD, puis BABOCHET. *

BROSSARD, remerciant Céline au fond.

Mille remercîments, mademoiselle... (Se retournant.) Sapristi! il joue avec le beau-père!... il va le plumer! (S'approchant de Malvoisie et lui frappant sur l'épaule, bas.) Reperdez!

* Brossard, Malvoisie, Benoît.

MALVOISIE.

Hein?

BROSSARD, bas.

Reperdez... ou je vous étrangle!

MALVOISIE.

Ah! je trouve ça joli, par exemple!

BENOIT.

Quoi donc?

MALVOISIE.

C'est monsieur qui me dit de reperdre!... mais je ne fais que ça! (Criant.) Je ne fais que ça.

BROSSARD.

Vous perdez? (A part.) Ah çà, est-ce que je me serais trompé, par hasard?

BENOIT, à part.

Brossard lui avait donné le mot... tout s'explique. (Haut.) Désirez-vous votre revanche?

MALVOISIE.

Merci!... Voilà vos cinq francs.

BENOIT, stupéfait.

Il paye!!! (Il fait sonner la pièce sur la table.) Non... elle n'est pas fausse!... il est très-malin... C'est égal, je le repincerai!

SCÈNE XVI

LES MÊMES, BABOCHET, PONTBÉDOUIN. *

BABOCHET, annonçant.

Monsieur de Pontbédouin! (Pontbédouin paraît au fond. Benoît va au-devant de lui.)

MALVOISIE, bondissant.

Pontbédouin! saperlotte!

BROSSARD.

Qu'avez-vous donc?

MALVOISIE, bas.

Un monsieur qui a surpris une page de ma vie privée!

BROSSARD.

Patratras!... il ne manquait plus que ça! Filez par là! (Il lui indique une porte à gauche.)

MALVOISIE.

Oui! (Il s'élance vers la porte et ne peut l'ouvrir.) Fermée!

BROSSARD.

Sapristi!

* Brossard, Malvoisie, Pontbédouin, Benoît, Babochet dans le fond.

MALVOISIE.

Il va me reconnaître.

BROSSARD.

Louchez !

MALVOISIE, essayant de loucher.

Comment ?

BROSSARD.

Comme ça ! (Ils louchent tous deux.)

BENOIT, redescendant avec Pontbédouin.

Mon cher ami, permettez-moi de vous présenter mon gendre...

BROSSARD, saluant.

Monsieur...

PONTBÉDOUIN.

Jeune homme, laissez-moi vous féliciter...

BENOIT, à part, regardant Malvoisie et Brossard, qui louchent.

Qu'est-ce qu'ils ont donc à loucher comme ça ? (Haut, désignant Malvoisie.) Monsieur est un de ses clients...

PONTBÉDOUIN, saluant Malvoisie.

Enchanté, monsieur... (Le reconnaissant.) Ah ! mon Dieu !

MALVOISIE, à part.

Vlan ! reconnu !

BROSSARD, bas à Malvoisie.

Tu n'as pas assez louché !

BENOIT.

Quoi donc ?

PONTBÉDOUIN.

Rien... la surprise... Je ne m'attendais pas à retrouver monsieur ici...

BENOIT.

Vous le connaissez ?

MALVOISIE.

Faiblement!

PONTBÉDOUIN, bas à Benoît.

C'est un grec !

BENOIT.

Grand peuple sous Périclès !

PONTBÉDOUIN, bas.

Mais non !... Il a été trouvé chez... chez un de mes amis... dans un placard, à trois heures du matin...

BENOIT, joyeux.

Comment ! vous êtes sûr !...

PONTBÉDOUIN.

Parbleu ! (A part.) C'était chez moi ! (Haut.) Jetez-moi ça à la porte ! (Il s'asseoit à la table de jeu.)

BENOIT, se frottant les mains.*

Eh bien ! je suis très-content ! je suis très-heureux !

BROSSARD, à part.

Il se frotte les mains... ça va mal !

BENOIT.

C'est ce pauvre Vachonnet qui va être heureux !... J'ai une bonne nouvelle à lui annoncer !

BROSSARD, inquiet.

Ah ! vous avez une nouvelle ?...

BENOIT.

Oui.

BROSSARD.

Laquelle ?

BENOIT.

Je vais lui faire part de son mariage avec ma fille.

BROSSABD.

Comment !... mais c'est impossible !... J'ai votre parole !...

BENOIT.

Tu as ma parole... si monsieur n'est pas véreux !

MALVOISIE.

Hein ?

BENOIT.

Mais il l'est !... heureusement !

MALVOISIE.

Moi ?

BENOIT.

Tiens ! je m'en rapporte à lui... (A Malvoisie.) Voyons, es-tu véreux ? **

MALVOISIE.

Monsieur... je ne m'en suis jamais aperçu...

BENOIT.

Alors, veux-tu me dire ce que tu faisais à trois heures du matin dans certain placard...

BROSSARD, à part.

Aïe !

* Malvoisie, Brossard, Benoit, Babochet dans le fond, Pontbédouin.
** Malvoisie, Benoit, Brossard, Babochet, Pontbédouin.

MALVOISIE, à part.

Sapristi!

BROSSARD.

Mais rien de plus simple, beau-père... (Barbotant.) Qu'est-ce qui ne se trouve pas tous les jours... dans un placard... à trois heures... Parlons d'autre chose!

BENOIT.

Non! parlons de ça!

BROSSARD, à Malvoisie.

Voyons, explique-toi! (A part.) Il va trouver quelque chose... ils trouvent toujours!

MALVOISIE.

Certainement,* je pourrais vous le dire... mais... point ne le dois!

BENOIT, à Brossard.

Point il ne le doit... Mon ami, j'en suis désolé... mais je n'ai qu'une parole... et je vais retrouver Vachonnet. (Appelant.) Vachonnet!

BROSSARD.

Un instant!** (A part.) Il s'agit de mon mariage, après tout; blanchissons le nègre. (Haut.) Comment; beau-père, vous ne devinez pas?

BENOIT.

Non!.. j'ai le malheur d'être très-obtus... parle! dépêche-toi.

BROSSARD.

Certainement... (A part.) qu'est-ce que je vais donc lui dire? (Haut et plaidant.) Mon client, messieurs, est un homme intègre et bienfaisant... (Tout le monde se retourne pour regarder à qui Brossard s'adresse.)

BROSSARD, continuant.

Interrogez la cabane du pauvre... elle vous redira le nom de Malvoisie!

MALVOISIE, étonné.

Tiens!...

BENOIT, à part.

Il plaide... mais cette fois...

BABOCHET, entre par le fond et s'arrête pour écouter la plaidoirie.***

BROSSARD, continuant.

On nous accuse, messieurs, de nous être trouvé à trois heures du matin dans un placard... Pitié!

* Benoit, Malvoisie, Brossard, Pontbédouin.
** Malvoisie, Benoit, Brossard, Pontbédouin.
*** Malvoisie, Benoit, Brossard, Babochet, Pontbédouin.

BENOIT.

Mais cependant...

BROSSARD.

Eh bien ! oui !... nous y étions !

BENOIT.

Ah !

PONTBÉDOUIN.

C'est heureux.

BROSSARD.

Mais comment y étions-nous ?... (Malvoisie lui fait des signes.) Rassurez-vous... je serai chaste, messieurs.

AIR : *T'en souviens-tu?*

Reportez-vous à ce temps de folie
Où la jeunesse exerçait tous ses droits ;
Où pour cueillir les roses de la vie
Vous n'aviez pas assez de vos dix doigts.
A ces beaux jours où Cupidon nous somme
D'aller semer notre cœur au hasard,
Et comprenez comment un tout jeune homme
Peut vers minuit flâner dans un placard...

(Pendant la fin du couplet, ils sortent tous leurs mouchoirs de leur poche et s'essuient les yeux.)

MALVOISIE, parlé, à part et très-ému.

Hein ! comment sait-il ?

PONTBÉDOUIN, parlé, se levant et à part.

Qu'est-ce que cela signifie ?

BROSSARD, reprenant avec force.

Demandez-vous comment un tout jeune homme
Peut, vers minuit, flâner dans un placard.

MALVOISIE, lui faisant des signés.

Chut ! taisez-vous !

BROSSARD, avec feu.

Non, Malvoisie ! Vous avez beau me faire des signes... quand il s'agit de votre honneur... de celui de vos enfants...

BENOIT.

Il n'en a pas !

BROSSARD.

J'attendais cette interruption... je n'y répondrai pas.

BENOIT.

C'est plus commode !... Mais tout ça ne me dit pas pour quoi vous étiez dans le placard ?

BROSSARD, avec force.

Vous voulez le savoir ?

BENOIT et PONTBÉDOUIN *.

Oui !

MALVOISIE, vivement.

Non ! non !

BROSSARD.

Eh bien ! nous y étions pour une femme !

MALVOISIE, vivement.

Ne la nommez pas !

BROSSARD.

Pour une femme élégante et belle...

PONTBÉDOUIN.

Ah ! c'est trop fort !... et j'ai le droit de vous demander...

BROSSARD.

N'interrompez pas !

PONTBÉDOUIN.

Cependant, vous me permettrez...

BROSSARD.

La défense n'est pas libre !... je vais m'asseoir !

PONTBÉDOUIN.

Mais cette femme a un mari !

BROSSARD.

J'attendais cette objection... Un mari ! vous appelez ça un mari !

PONTBÉDOUIN.

Dame ! il me semble que...

BROSSARD.

Eh bien ! soit !... Fouillons dans la vie privée de cet homme... de ce misérable !

PONTBÉDOUIN.

Mais, monsieur !...

BROSSARD.

N'interrompez pas !... Parlerai-je de ses mœurs ?... il n'en a pas !

PONTBÉDOUIN.

Permettez !...

BROSSARD.

Je ne permets pas !... Un être qui subventionne des créatures !

PONTBÉDOUIN.

C'est faux !

BROSSARD.

Qui entretient des liaisons coupables avec ses femmes de chambre !

* Benoit, Malvoisie, Brossard, Babochet, Pontbédouin.

PONTBÉDOUIN.

Mais, monsieur!

BROSSARD.

Que n'est-il ici!... Vous verriez sur son front livide la trace de tous les vices!... un joueur, un brutal, un ivrogne!...

PONTBÉDOUIN, criant.

Mais, c'est moi!... c'est moi!

BROSSARD.

Qui vous?

PONTBÉDOUIN.

Le mari.

BROSSARD.

Vous?... Sacrebleu! il fallait donc le dire! (Il remonte.)

PONTBÉDOUIN, sautant à la gorge de Malvoisie.

Quant à vous, monsieur, répondez! *

MALVOISIE.

Aïe!... vous m'étranglez!

PONTBÉDOUIN, le faisant tourner.**

Vous étiez dans le placard pour ma femme?

MALVOISIE, criant et se débattant.

Mais non!... pour la bonne!

BABOCHET.

Hein?

BROSSARD, à part.

Très adroit!

MALVOISIE.

Pour Clarisse!

BABOCHET, allant pour lui sauter à la gorge. ***

Clarisse!... ma bonne amie!... Ah! gredin! (Brossard le retient.)

MALVOISIE.

Puisque je dois l'épouser!

BABOCHET.

Mais moi aussi!

PONBHÉDOUIN, à part.

Et la drôlesse me faisait des mines!... Je vais la camper à la porte! (Haut.) Messieurs, je vous salue. (Il sort vivement.)

* Benoit, Malvoisie, Pontbédouin, Brossard, Babochet.
** Benoit, Pontbédouin, Malvoisie, Brossard, Babochet.
*** Benoit, Pontbédouin, Malvoisie, Babochet, Brossard.

BABOCHET, qui s'est approché de Malvoisie et lui montrant le poing.

Ah ! c'était pour Clarisse !..... Nous en causerons sur le carré.

BROSSARD.

Babochet !... (Babochet sort.)

SCÈNE XVII

BENOIT, BROSSARD, MALVOISIE,* puis CÉLINE.

BENOIT, à part.

Tantôt c'est pour la maîtresse, tantôt c'est pour la bonne... moi, je continue à croire que c'est pour l'argenterie...

BROSSARD, à Benoît.

Eh bien ! beau-père, êtes-vous convaincu ?

BENOIT.

Comment donc ! (A Malvoisie.) Recevez mes excuses, monsieur... J'en conviens, je vous ai soupçonné, je vous ai pris pour un...

MALVOISIE.

Il n'y a pas de mal... Entre amis... ça se fait ! C'est sa faute, le gredin !... mais si jamais je le retrouve... sa tête est là !

BENOIT.

Qui ça ?

MALVOISIE.

L'homme à la montre... Figurez-vous que je lisais l'affiche du Vaudeville...

BROSSARD.

C'est bien... nous connaissons l'histoire... D'ailleurs vous êtes complétement justifié...

BENOIT.

Oh ! complétement ! si complétement... que je vais vous donner une preuve éclatante de ma confiance...

BROSSARD, à part, effrayé.

Hein ! qu'est-ce qu'il va faire ?

MALVOISIE.

A moi ?

BENOIT.

A vous... Depuis longtemps, je cherche un homme sûr, intègre, fidèle.

BROSSARD.

Pardon... pourquoi faire ?

BENOIT, observant Brossard.

Mais... pour en faire... mon caissier...

* Benoît, Malvoisie, Brossard.

MALVOISIE.

Tiens !

BROSSARD, à part.

Nom d'un petit bonhomme !

BENOIT, à part.

Il a tressailli ! (Haut à Malvoisie.) Et j'ai songé à vous, mon ami...

BROSSARD.

Mais, beau-père !...

BENOIT.

Quoi ?

BROSSARD.

Rien... mais un caissier !... Il faudrait peut-être prendre quelques renseignements...

MALVOISIE.

Oh ! je ne crains rien !... Informez-vous à la Société des coiffeurs réunis...

BENOIT.

Inutile ! (A Brossard.) Je voudrais qu'il fût mon frère !... avez-vous dit dans votre admirable plaidoyer...

BROSSARD.

Oh ! j'ai dit ça !... j'ai dit ça !...

MALVOISIE.

Vous l'avez dit !

BENOIT.

Et cela me suffit ! (A Malvoisie.) Je vais vous remettre la clef de ma caisse.

BROSSARD, à part.

Saprédié !

BENOIT.

Elle contient des valeurs assez considérables... entre autres la dot de ma fille...

BROSSARD.

Ah ! mais non !... beau-père ! *

BENOIT.

Quoi ?

BROSSARD.

Monsieur ne peut pas être caissier... un vol... (Se reprenant.) Un coiffeur !

MALVOISIE.

Oh ! je lâcherai le cheveu !...**

BENOIT, à Malvoisie.

Ma serrure est à secret... je vais vous donner les lettres : EBT.

* Benoît, Brossard, Malvoisie.
** Brossard, Benoît, Malvoisie.

MALVOISIE, sans intention.

Si je les oublie... vous serez là pour me les rappeler.

BENOIT, tirant une clef de sa poche.

Maintenant, voici la clef...

BROSSARD, écartant Malvoisie qui va prendre la clef.

Non, c'est impossible ! je ne le souffrirai pas ! *

BENOIT et MALVOISIE.

Pourquoi donc?

BROSSARD.

Un coquin !

MALVOISIE.

Ah ! mais !

BROSSARD.

Un grec ! un flibustier !

BENOIT, avec triomphe.

Ah ! tu l'avoues ! Très-bien !... tu es pincé !

BROSSARD.

Comment?

BENOIT.

Voilà ce que je voulais te faire dire ! Tu n'auras pas ma fille !

BROSSARD, à part.

Quelle boulette !

CÉLINE, qui est entrée et a entendu ces derniers mots.

Papa?...

BENOIT.

Tu épouseras Vachonnet ! (Appelant.) Vachonnet ! Vachonnet !

SCÈNE XVIII

LES MÊMES, VACHONNET, puis BABOCHET. **

VACHONNET, paraissant à la porte de gauche.

En... en... en... en...

BENOIT.

Approche... Vachonnet ! ma fille est à toi.

MALVOISIE, regardant Vachonnet.

Ah ! mon Dieu !... mais c'est lui !... je le reconnais !

BENOIT.

Qui ça ?

* Benoît, Brossard, Malvoisie.
** Brossard, Céline, Vachonnet, Benoit, Malvoisie.

MALVOISIE.

Lui !... l'homme... qui a jeté la montre dans mon parapluie !

BENOIT et BROSSARD.

Est-il possible ?

MALVOISIE, voulant sauter sur Vachonnet.

Ah ! gredin !

BENOIT.

Un instant ! laissez-le s'expliquer... Est-ce vous, monsieur Vachonnet... qui, place de la Bourse...

VACHONNET.

C'est... c'est moi.

TOUS, indignés.

Oh !

VACHONNET.

Laissez-moi vous ra... ra... raconter...

MALVOISIE.

Il se trouble !

VACHONNET.

J'ai jeté la mon... montre dans le pa... pa... dans le papa... rapluie...

BENOIT, indigné.

Assez, monsieur !... un commerçant !... sortez...

VACHONNET.

Mais, je ne suis pas cou... cou... coupable !

BENOIT.

Expliquez-vous !

VACHONNET.

Je lisais l'affiche du vau... du vau... du vau...

TOUS.

A la porte ! à la porte !

(On pousse dehors Vachonnet, qui fait de vains efforts pour se justifier. Babochet lui donne un coup de pied au au moment où il sort).

BENOIT, à Malvoisie.

Quant à toi, mon brave... tu seras mon caissier... et cette fois, c'est sérieux.*

MALVOISIE.

Oh ! merci !... donnez-moi la clef de la caisse...

BENOIT.

Demain... ça c'est la clé... de ma lampe.

BROSSARD, donnant la main à Malvoisie.

Ce pauvre garçon ! Comment, tu étais innocent ? **

MALVOISIE.

Vous ne le saviez donc pas ?

* Céline, Brossard, Benoît, Malvoisie.
** Céline, Benoît, Brossard, Malvoisie.

BROSSARD.

Ma foi, non !

MALVOISIE, retirant vivement sa main.

Alors pourquoi m'avez-vous défendu ?...

BENOIT.

Il a raison, mon gendre !... si les avocats ne soutenaient jamais les mauvaises causes...

BROSSARD.

On n'aurait pas besoin de défendre les bonnes.

BENOIT.

Eh bien ?...

BROSSARD.

Alors il n'y aurait plus d'avocats !

BENOIT.

Eh bien ?

BROSSARD.

Plus de juges, plus d'avoués, plus de clercs d'avoués !

BENOIT.

Eh bien ?

BROSSARD.

Alors il faudrait faire raser le Palais de Justice.

BENOIT.

Eh bien ?

BROSSARD.

Alors à quoi servirait le pont Saint-Michel ?

BENOIT.

C'est juste !... il est logique !... Embrasse ma fille !... *

CHŒUR.

AIR : *Ah! je suis affamé!* (Piccolet.)

Ah ! quel heureux destin !
Oui, { mon / son } gendre
Va défendre
La veuve et l'orphelin,
Du soir au matin !

Sur son avocat l'auteur a compté ;
Vous connaissez tous ma spécialité,
Puissé-je, ce soir, dire avec fierté :
Encore un coupable acquitté !

CHOEUR (reprise).

Ah ! quel heureux destin ! etc.

* Benoît, Céline, Brossard, Malvoisie.

Paris. — Imp. de la Librairie Nouvelle, A. Bourdilliat, 15, rue Breda.

Paris. — IMP. DE LA LIBRAIRIE NOUVELLE. — A. Bourdilliat, 15, rue Breda.

www.ingramcontent.com/pod-product-compliance
Ingram Content Group UK Ltd.
Pitfield, Milton Keynes, MK11 3LW, UK
UKHW020220200726
13856UKWH00004B/1512

9 782011 856883